José Zorrilla

A buen juez, mejor testigo

Barcelona 2024
Linkgua-ediciones.com

Créditos

Título original: A buen juez, mejor testigo.

© 2024, Red ediciones S.L.

e-mail: info@Linkgua-ediciones.com

Diseño de cubierta: Michel Mallard.

ISBN rústica: 978-84-9816-276-9.
ISBN ebook: 978-84-9816-992-8.

Sumario

Brevísima presentación

La vida

José Zorrilla (Valladolid, 1817-Madrid, 1893). España.

Tras estudiar en el Seminario de Nobles de Madrid, fue a las universidades de Toledo y Valladolid a estudiar leyes. Poco después abandonó los estudios y se fue a Madrid. Las penurias económicas le hicieron a vender a perpetuidad los derechos de Don Juan Tenorio (1844), la más célebre de sus obras. En 1846 viajó a París y conoció a Alejandro Dumas, padre, George Sand y Teophile Gautier que influyeron en su obra. Tras una breve estancia en Madrid, regresó a Francia y de ahí, en 1855, marchó a México donde el emperador Maximiliano lo nombró director del teatro Nacional. Publicó un libro de memorias a su regreso a España.

A buen juez, mejor testigo

I

Entre pardos nubarrones
pasando la blanca Luna,
con resplandor fugitivo,
la baja tierra no alumbra.
La brisa con frescas alas
juguetona no murmura,
y las veletas no giran
entre la cruz y la cúpula.
Tal vez un pálido rayo
la opaca atmósfera cruza,
y unas en otras las sombras
confundidas se dibujan.
Las almenas de las torres
un momento se columbran,
como lanzas de soldados
apostados en la altura.
Reverberan los cristales
la trémula llama turbia,
y un instante entre las rocas
riela la fuente oculta.
Los álamos de la vega
parecen en la espesura
de fantasmas apiñados
medrosa y gigante turba;
y alguna vez desprendida
gotea pesada lluvia,
que no despierta a quien duerme,
ni a quien medita importuna.
Yace Toledo en el sueño
entre las sombras confusas.

y el Tajo a sus pies pasando
con pardas ondas lo arrulla.
El monótono murmullo
sonar perdido se escucha,
cual si por las hondas calles
hirviera del mar la espuma.
¡Qué dulce es dormir en calma
cuando a lo lejos susurran
los álamos que se mecen,
las aguas que se derrumban!
Se sueñan bellos fantasmas
que el sueño del triste endulzan,
y en tanto que sueña el triste,
no le aqueja su amargura.
Tan en calma y tan sombría
como la noche que enluta
la esquina en que desemboca
una callejuela oculta,
se ve de un hombre que aguarda
la vigilante figura,
y tan a la sombra vela
que entre las sombras se ofusca.
Frente por frente a sus ojos
un balcón a poca altura
deja escapar por los vidrios
la luz que dentro le alumbra;
mas ni en el claro aposento,
ni en la callejuela oscura,
el silencio de la noche
rumor sospechoso turba.
Pasó así tan largo tiempo,
que pudiera haberse duda

de si es hombre, o solamente
mentida ilusión nocturna;
pero es hombre, y bien se ve,
porque con planta segura
ganando el centro a la calle
resuelto y audaz pregunta:
—¿Quién va? —y a corta distancia
el igual compás se escucha
de un caballo que sacude
las sonoras herraduras.
—¿Quién va? —repite, y cercana
otra voz menos robusta
responde: —Un hidalgo, ¡calle!
—y el paso el bulto apresura.
—Téngase el hidalgo —el hombre
replica, y la espada empuña.
—Ved más bien si me haréis calle
(repitieron con mesura)
que hasta hoy a nadie se tuvo
Ibán de Vargas y Acuña.
—Pase el Acuña y perdone
—dijo el mozo en faz de fuga,
pues teniéndose el embozo
sopla un silbato, y se oculta.
Paró el jinete a una puerta,
y con precaución difusa
salió una niña al balcón
que llama interior alumbra.
—¡Mi padre! —clamó en voz baja.
Y el viejo en la cerradura
metió la llave pidiendo
a sus gentes que le acudan.

Un negro por ambas bridas
tomó la cabalgadura,
cerrose detrás la puerta
y quedó la calle muda.
En esto desde el balcón,
como quien tal acostumbra,
un mancebo por las rejas
de la calle se asegura.
Asió el brazo al que apostado
hizo cara a Ibán de Acuña,
y huyeron, en el embozo
velando la catadura.

II

Clara, apacible y serena
pasa la siguiente tarde,
y el Sol tocando su ocaso
apaga su luz gigante:
se ve la imperial Toledo
dorada por los remates,
como una ciudad de grana
coronada de cristales.
El Tajo por entre rocas
sus anchos cimientos lame,
dibujando en las arenas
las ondas con que las bate.
Y la ciudad se retrata
en las ondas desiguales,
como en prenda de que el río
tan afanoso la bañe.
A lo lejos en la vega
tiende galán por sus márgenes,
de sus álamos y huertos
el pintoresco ropaje,
y porque su altiva gala
más a los ojos halague,
la salpica con escombros
de castillos y de alcázares.
Un recuerdo es cada piedra
que toda una historia vale,
cada colina un secreto
de príncipes o galanes.
Aquí se bañó la hermosa
por quien dejó un rey culpable

amor, fama, reino y vida
en manos de musulmanes.
Allí recibió Galiana
a su receloso amante
en esa cuesta que entonces
era un plantel de azahares.
Allá por aquella torre,
que hicieron puerta los árabes,
subió el Cid sobre Babieca
con su gente y su estandarte.
Más lejos se ve el castillo
de San Servando o Cervantes,
donde nada se hizo nunca
y nada al presente se hace.
A este lado está la almena
por do sacó vigilante
el conde don Peranzules
al rey, que supo una tarde
fingir tan tenaz modorra,
que político y constante,
tuvo siempre el brazo quedo
las palmas al horadarle.
Allí está el circo romano,
gran cifra de un pueblo grande,
y aquí, la antigua basílica
de bizantinos pilares,
que oyó en el primer concilio
las palabras de los padres
que velaron por la Iglesia
perseguida o vacilante.
La sombra en este momento
tiende sus turbios cendales

por todas esas memorias
de las pasadas edades,
y del Cambrón y Visagra
los caminos desiguales,
camino a los toledanos
hacia las murallas abren.
Los labradores se acercan
al fuego de sus hogares,
cargados con sus aperos,
cansados de sus afanes.
Los ricos y sedentarios
se tornan con paso grave,
calado el ancho sombrero,
abrochados los gabanes,
y los clérigos y monjes
y los prelados y abades
sacudiendo el leve polvo
de capelos y sayales.
Quédase solo un mancebo
de impetuosos ademanes,
que se pasea ocultando
entre la capa el semblante.
Los que pasan le contemplan
con decisión de evitarle,
y él contempla a los que pasan
como si a alguien aguardase.
Los tímidos aceleran
los pasos al divisarle,
cual temiendo de seguro
que les proponga un combate;
y los valientes le miran
cual si sintieran dejarle

sin que libres sus estoques,
en riña sonora dancen.
Una mujer también sola
se viene el llano adelante,
la luz del rostro escondida
en tocas y tafetanes.
Mas en lo leve del paso
y en lo flexible del talle
puede, a través de los velos
una hermosa adivinarse.
Vase derecha al que aguarda
y él al encuentro le sale,
diciendo... cuanto se dicen
en las citas los amantes.
Mas ella, galanterías
dejando severa aparte,
así al mancebo interrumpe,
en voz decisiva y grave:
—Abreviemos de razones,
Diego Martínez; mi padre,
que un hombre ha entrado en su ausencia,
dentro mi aposento sabe;
y así, quien mancha mi honra
con la suya me la lave;
o dadme mano de esposo,
o libre de vos dejadme.
Mirola Diego Martínez
atentamente un instante,
y echando a un lado el embozo,
repuso palabras tales:
—Dentro de un mes, Inés mía,
parto a la guerra de Flandes;

al año estaré de vuelta
y contigo en los altares.
Honra que yo te desluzca,
con honra mía se lave,
que por honra vuelven honra
hidalgos que en honra nacen.
—Júralo —exclamó la niña.
—Más que mi palabra vale
no te valdrá un juramento.
—Diego, la palabra es aire.
—¡Vive Dios que estás tenaz!
Dalo por jurado y baste.
—No me basta, que olvidar
puedes la palabra en Flandes.
—¡Voto a Dios!, ¿qué más pretendes?
—Que a los pies de aquella imagen
lo jures como cristiano
del santo Cristo delante.
Vaciló un poco Martínez;
mas, porfiando que jurase,
llevole Inés hacia el templo
que en medio la vega yace.
Enclavado en un madero,
en duro y postrero trance,
ceñida la sien de espinas,
decolorido el semblante,
velase allí un crucifijo
teñido de negra sangre,
a quien Toledo, devota,
acude hoy en sus azares.
Ante sus plantas divinas
llegaron ambos amantes,

y haciendo Inés que Martínez
los sagrados pies tocase,
preguntole:

      —Diego, ¿juras
a tu vuelta desposarme?
Contestó el mozo:

        —¡Sí, juro!
Y ambos del templo se salen.

III

Pasó un día y otro día,
un mes y otro mes pasó,
y un año pasado había;
mas de Flandes no volvía
Diego, que a Flandes partió.

Lloraba la bella Inés
su vuelta aguardando en vano;
oraba un mes y otro mes
del crucifijo a los pies
do puso el galán su mano.

Todas las tardes venía
después de traspuesto el Sol,
y a Dios llorando pedía
la vuelta del español,
y el español no volvía.

Y siempre al anochecer,
sin dueña y sin escudero,
en un manto una mujer
el campo salía a ver
al alto del Miradero.

¡Ay del triste que consume
su existencia en esperar!
¡Ay del triste que presume
que el duelo con que él se abrume
al ausente ha de pesar!

La esperanza es de los cielos
precioso y funesto don,
pues los amantes desvelos
cambian la esperanza en celos,
que abrasan el corazón.

Si es cierto lo que se espera,
es un consuelo en verdad;
pero siendo una quimera,
en tan frágil realidad
quien espera desespera.

Así Inés desesperaba
sin acabar de esperar,
y su tez se marchitaba,
y su llanto se secaba
para volver a brotar.

En vano a su confesor
pidió remedio o consejo
para aliviar su dolor;
que mal se cura el amor
con las palabras de un viejo.

En vano a Ibán acudía,
llorosa y desconsolada;
el padre no respondía,
que la lengua le tenía
su propia deshonra atada.

Y ambos maldicen su estrella,
callando el padre severo
y suspirando la bella,
porque nació mujer ella,
y el viejo nació altanero.

Dos años al fin pasaron
en esperar y gemir,
y las guerras acabaron,
y los de Flandes tornaron
a sus tierras a vivir.

Pasó un día y otro día,
un mes y otro mes pasó,

y el tercer año corría;
Diego a Flandes se partió,
mas de Flandes no volvía.

Era una tarde serena;
doraba el Sol de Occidente
del Tajo la vega amena,
y apoyada en una almena
miraba Inés la corriente.

Iban las tranquilas olas
las riberas azotando
bajo las murallas solas,
musgo, espigas y amapolas
ligeramente doblando.

Algún olmo que escondido
creció entre la yerba blanda,
sobre las aguas tendido
se reflejaba perdido
en su cristalina banda.

Y algún ruiseñor colgado
entre su fresca espesura
daba al aire embalsamado
su cántico regalado
desde la enramada oscura.

Y algún pez con cien colores,
tornasolada la escama,
saltaba a besar las flores
que exhalan gratos olores
a las puntas de una rama.

Y allá en el trémulo fondo
el torreón se dibuja
como el contorno redondo
del hueco sombrío y hondo

que habita nocturna bruja.

Así la niña lloraba
el rigor de su fortuna,
y así la tarde pasaba
y al horizonte trepaba
la consoladora Luna.

A lo lejos, por el llano,
en confuso remolino,
vio de hombres tropel lejano
que en pardo polvo liviano
dejan envuelto el camino.

Bajó Inés del torreón,
y, llegando recelosa
a las puertas del Cambrón,
sintió latir, zozobrosa,
más inquieto el corazón.

Tan galán como altanero,
dejó ver la escala luz
por bajo el arco primero
un hidalgo caballero
en un caballo andaluz.

Jubón negro acuchillado,
banda azul, lazo en la hombrera,
y sin pluma al diestro lado
el sombrero derribado
tocando con la gorguera.

Bombacho gris guarnecido,
bota de ante, espuela de oro,
hierro al cinto suspendido,
y a una cadena, prendido,
agudo cuchillo moro.

Vienen tras este jinete,

sobre potros jerezanos,
de lanceros hasta siete,
y en la adarga y coselete
diez peones castellanos.

    Asiose a su estribo Inés,
gritando: —¿Diego, eres tú?
Y él, viéndola de través,
dijo: —¡Voto a Belcebú,
que no me acuerdo quién es!

    Dio la triste un alarido
tal respuesta al escuchar,
y a poco perdió el sentido,
sin que más voz ni gemido
volviera en tierra a exhalar.

    Frunciendo ambas a dos cejas,
encomendola a su gente
diciendo: —¡Malditas viejas
que a las mozas malamente
enloquecen con consejas!

    Y aplicando el capitán
a su potro las espuelas,
el rostro a Toledo dan,
y a trote cruzando van
las oscuras callejuelas.

IV

Así por sus altos fines
dispone y permite el cielo
que puedan mudar al hombre
fortuna, poder y tiempo.
A Flandes partió Martínez
de soldado aventurero,
y por su suerte y hazañas
allí capitán le hicieron.
Según alzaba en honores,
alzábase en pensamientos,
y tanto ayudó en la guerra
con su valor y altos hechos,
que el mismo rey a su vuelta
le armó en Madrid caballero,
tomándole a su servicio
por capitán de lanceros.
Y otro no fue que Martínez,
quien a poco entró en Toledo,
tan orgulloso y ufano
cual salió humilde y pequeño,
ni es otro a quien se dirige,
cobrado el conocimiento,
la amorosa Inés de Vargas,
que vive por él muriendo.
Mas él, que, olvidando todo,
olvidó su nombre mesmo,
puesto que Diego Martínez
es el capitán don Diego,
ni se ablanda a sus caricias,
ni cura de sus lamentos;

diciendo que son locuras
de gente de poco seso;
que ni él prometió casarse
ni pensó jamás en ello.
¡Tanto mudan a los hombres
fortuna, poder y tiempo!
En vano porfiaba Inés
con amenazas y ruegos;
cuanto más ella importuna,
está Martínez severo.
Abrazada a sus rodillas,
enmarañado el cabello,
la hermosa niña lloraba
prosternada por el suelo.
Mas todo empeño es inútil,
porque el capitán don Diego
no ha de ser Diego Martínez,
como lo era en otro tiempo.
Y así llamando a su gente,
de amor y piedad ajeno,
mandoles que a Inés llevaran
de grado o de valimiento.
Mas ella, antes que la asieran,
cesando un punto en su duelo,
así habló, el rostro lloroso
hacia Martínez volviendo:
—Contigo se fue mi honra,
conmigo tu juramento;
pues buenas prendas son ambas,
en buen fiel las pesaremos.
Y la faz descolorida
en la mantilla envolviendo,

a pasos desatentados
saliose del aposento.

V

Era entonces de Toledo
por el rey gobernador
el justiciero y valiente
don Pedro Ruiz de Alarcón.
Muchos años por su patria
el buen viejo peleó;
cercenado tiene un brazo,
mas entero el corazón.
La mesa tiene delante,
los jueces en derredor,
los corchetes a la puerta
y en la derecha el bastón.
Está, como presidente
del tribunal superior,
entre un dosel y una alfombra,
reclinado en un sillón,
escuchando con paciencia
la casi asmática voz
con que un tétrico escribano
solfea una apelación.
Los asistentes bostezan
al murmullo arrullador;
los jueces, medio dormidos,
hacen pliegues al ropón;
los escribanos repasan
sus pergaminos al Sol;
los corchetes a una moza
guiñan en un corredor,
y abajo, en Zocodover,
gritan en discorde son

los que en el mercado venden
lo vendido y el valor.

   Una mujer en tal punto,
en faz de gran aflicción,
rojos de llorar los ojos,
ronca de gemir la voz,
suelto el cabello y el manto,
tomó plaza en el salón
diciendo a gritos: —Justicia,
jueces; justicia, señor!
Y a los pies se arroja, humilde,
de don Pedro de Alarcón,
en tanto que los curiosos
se agitan al derredor.
Alzola cortés don Pedro
calmando la confusión
y el tumultuoso murmullo
que esta escena ocasionó,
diciendo:
        —Mujer, ¿qué quieres?
—Quiero justicia, señor.
—¿De qué?
        —De una prenda hurtada.
—¿Qué prenda?
            —Mi corazón.
—¿Tú le diste?
            —Le presté.
—¿Y no te le han vuelto?
                —No.
—Tienes testigos?
                —Ninguno.

—¿Y promesa?
        —¡Sí, por Dios!
Que al partirse de Toledo
un juramento empeñó.
—¿Quién es él?
        —Diego Martínez.
—¿Noble?
        —Y capitán, señor.
—Presentadme al capitán,
que cumplirá si juró.
Quedó en silencio la sala,
y a poco en el corredor
se oyó de botas y espuelas
el acompasado son.
Un portero, levantando
el tapiz, en alta voz
dijo: —El capitán don Diego.
Y entró luego en el salón
Diego Martínez, los ojos
llenos de orgullo y furor.
—¿Sois el capitán don Diego
—díjole don Pedro— vos?
Contestó, altivo y sereno,
Diego Martínez:
        —Yo soy.
—¿Conocéis a esa muchacha?
—Ha tres años, salvo error.
—¿Hicisteisla juramento
de ser su marido?
        —No.
—¿Juráis no haberlo jurado?
—Sí juro.

—Pues id con Dios.
—¡Miente! —clamó Inés, llorando
de despecho y de rubor.
—Mujer, ¡piensa lo que dices!
—Digo que miente: juró.
—¿Tienes testigos?
                    —Ninguno.
—Capitán, idos con Dios,
y dispensad que, acusado,
dudara de vuestro honor.
Tornó Martínez la espalda
con brusca satisfacción,
e Inés, que le vio partirse,
resuelta y firme gritó:
—Llamadle, tengo un testigo.
Llamadle otra vez, señor.
Volvió el capitán don Diego,
sentose Ruiz de Alarcón,
la multitud aquietose
y la de Vargas siguió:
—Tengo un testigo a quien nunca
faltó verdad ni razón.
—¿Quién?
          —Un hombre que de lejos
nuestras palabras oyó,
mirándonos desde arriba.
—¿Estaba en algún balcón?
—No, que estaba en un suplicio
donde ha tiempo que expiró.
—¿Luego es muerto?
                    —No, que vive.
—Estáis loca, ¡vive Dios!

¿Quién fue?
　　　—El Cristo de la Vega
a cuya faz perjuró.

　Pusiéronse en pie los jueces
al nombre del Redentor,
escuchando con asombro
tan excelsa apelación.
Reinó un profundo silencio
de sorpresa y de pavor,
y Diego bajó los ojos
de vergüenza y confusión.
Un instante con los jueces
don Pedro en secreto habló,
y levantose diciendo
con respetuosa voz:
—La ley es ley para todos;
tu testigo es el mejor;
mas para tales testigos
no hay más tribunal que Dios.
Haremos... lo que sepamos;
escribano: al caer el Sol,
al Cristo que está en la vega
tomaréis declaración.

VI

Es una tarde serena,
cuya luz tornasolada
del purpurino horizonte
blandamente se derrama.
Plácido aroma las flores,
sus hojas plegando exhalan,
y el céfiro entre perfumes
mece las trémulas alas.
Brillan abajo en el valle
con suave rumor las aguas,
y las aves, en la orilla,
despidiendo al día cantan.
    Allá por el Miradero,
por el Cambrón y Visagra,
confuso tropel de gente
del Tajo a la vega baja.
Vienen delante don Pedro
de Alarcón, lbán de Vargas,
su hija Inés, los escribanos,
los corchetes y los guardias;
y detrás monjes, hidalgos,
mozas, chicos y canalla.
Otra turba de curiosos
en la vega les aguarda,
cada cual comentariando
el caso según le cuadra.
Entre ellos está Martínez
en apostura bizarra,
calzadas espuelas de oro,
valona de encaje blanca.

bigote a la borgoñesa,
melena desmelenada,
el sombrero guarnecido
con cuatro lazos de plata,
un pie delante del otro,
y el puño en el de la espada.
Los plebeyos de reojo
le miran de entre las capas:
los chicos, al uniforme,
y las mozas, a la cara.
Llegado el gobernador
y gente que le acompaña,
entraron todos al claustro
que iglesia y patio separa.
Encendieron ante el Cristo
cuatro cirios y una lámpara,
y de hinojos un momento
le rezaron en voz baja.

Está el Cristo de la Vega
la cruz en tierra posada,
los pies alzados del suelo
poco menos de una vara;
hacia la severa imagen
un notario se adelanta,
de modo que con el rostro
al pecho santo llegaba.
A un lado tiene a Martínez;
a otro lado, a Inés de Vargas;
detrás, el gobernador
con sus jueces y sus guardias.
Después de leer dos veces

la acusación entablada,
el notario a Jesucristo
así demandó en voz alta:
—Jesús, Hijo de María,
ante nos esta mañana
citado como testigo
por boca de Inés de Vargas,
¿juráis ser cierto que un día
a vuestras divinas plantas
juró a Inés Diego Martínez
por su mujer desposarla?

   Asida a un brazo desnudo
una mano atarazada
vino a posar en los autos
la seca y hendida palma,
y allá en los aires «¡Sí juro!»,
clamó una voz más que humana.
Alzó la turba medrosa
la vista a la imagen santa...
Los labios tenla abiertos
y una mano desclavada.
Conclusión

   Las vanidades del mundo
renunció allí mismo Inés,
y espantado de sí propio,
Diego Martínez también.
Los escribanos, temblando,
dieron de esta escena fe,
firmando como testigos
cuantos hubieron poder.

Fundose un aniversario
y una capilla con él,
y don Pedro de Alarcón
el altar ordenó hacer,
donde hasta el tiempo que corre,
y en cada año una vez,
con la mano desclavada
el crucifijo se ve.

Libros a la carta

A la carta es un servicio especializado para
empresas,
librerías,
bibliotecas,
editoriales
y centros de enseñanza;
y permite confeccionar libros que, por su formato y concepción, sirven a los propósitos más específicos de estas instituciones.

Las empresas nos encargan ediciones personalizadas para marketing editorial o para regalos institucionales. Y los interesados solicitan, a título personal, ediciones antiguas, o no disponibles en el mercado; y las acompañan con notas y comentarios críticos.

Las ediciones tienen como apoyo un libro de estilo con todo tipo de referencias sobre los criterios de tratamiento tipográfico aplicados a nuestros libros que puede ser consultado en Linkgua-ediciones.com.

Linkgua edita por encargo diferentes versiones de una misma obra con distintos tratamientos ortotipográficos (actualizaciones de carácter divulgativo de un clásico, o versiones estrictamente fieles a la edición original de referencia).

Este servicio de ediciones a la carta le permitirá, si usted se dedica a la enseñanza, tener una forma de hacer pública su interpretación de un texto y, sobre una versión digitalizada «base», usted podrá introducir interpretaciones del texto fuente. Es un tópico que los profesores denuncien en clase los desmanes de una edición, o vayan comentando errores de interpretación de un texto y esta es una solución útil a esa necesidad del mundo académico.

Asimismo publicamos de manera sistemática, en un mismo catálogo, tesis doctorales y actas de congresos académicos, que son distribuidas a través de nuestra Web.

El servicio de «libros a la carta» funciona de dos formas.

1. Tenemos un fondo de libros digitalizados que usted puede personalizar en tiradas de al menos cinco ejemplares. Estas personalizaciones pueden ser de todo tipo: añadir notas de clase para uso de un grupo de estudiantes, introducir logos corporativos para uso con fines de marketing empresarial, etc. etc.

2. Buscamos libros descatalogados de otras editoriales y los reeditamos en tiradas cortas a petición de un cliente.

LK